9
아테나에게 도전하는 아라크네

주니어RHK

신화의 가치

신화는 한 민족의 기원이나 역사적 · 종교적 · 문화적 삶의 모습을 보여 주는 옛이야기입니다. 주로 신과 영웅에 관한 이야기가 많고, 오랫동안 입에서 입으로 전해 내려왔다는 특징이 있지요.

우리가 살펴볼 그리스 로마 신화는 고대 그리스와 로마에 전해 오는 신화와 전설을 한데 묶은 것입니다. 그리스 로마 신화는 고대의 삶을 엿보게 해 주는 문화유산일 뿐만 아니라, 세계 여러 나라의 문학과 미술에 큰 영향을 끼쳤습니다. 하지만 문화적 가치만큼이나 중요한 것이 또 있습니다. 오래된 옛이야기이면서도 거기에 담긴 교훈적 가치가 오늘날에도 여전히 쓸모 있고 중요하다는 사실입니다.

놀랍지 않나요? 수천 년 전의 이야기가 어떻게 과학 문명이 고도로 발달한 오늘날에도 통하는 것일까요? 그것은 바로 그리스 로마 신화에 나오는 신과 영웅의 모습이 오늘날 우리의 모습과 다르지 않기 때문입니다. 신들도 우리처럼 분노하고, 질투하고, 실수를 하지요. 그런 모습을 보면서 우리는 깔깔 웃거나 눈물을 흘리고, 교훈과 감동을 얻습니다. 우리가 그리스 로마 신화를 읽어야 하는 까닭이 바로 이것입니다.

신화의 세계로 떠날 여러분에게 한마디 덧붙이자면, 신화는 우리에게 끝없는 상상력을 요구한다는 점입니다. 신화 속에는 수많은 은유와 상징이 곳곳에 널려 있지요. 따라서 신화를 읽을 때에는 상상력을 최대한 발휘하여 신화 속에 숨겨진 의미를 찾고, 그것을 자기 나름대로 재해석하는 과정이 필요합니다. 이렇게 읽었을 때에야 비로소 여러분 앞에 놀라운 삶의 이야기가 펼쳐질 것입니다.

자, 그럼 흥미진진한 신화의 세계 속으로 함께 떠나 볼까요?

옷감을 짜는 일에 둘째가라면 서러울 신과 인간이 만났습니다.
베틀을 만든 아테나 앞에서도 인간인 아라크네는
자신감에 가득 차 있습니다.
드디어 시작된 신과 인간의 대결!
신에게 맞선 아라크네의 운명은 어떻게 될까요?

주요 등장인물

제우스

올림포스 신들의 왕으로 하늘과 벼락의 신이에요. 워낙 여자를 좋아해서 인간, 요정, 신 할 것 없이 마음에 들면 바로 자기 애인으로 삼았어요.

아테나

제우스의 딸로 전쟁과 지혜의 여신이에요. 인간이 편안하게 살 수 있도록 농업, 공업, 길쌈과 같은 기술을 전해 주었어요. 신에게 맞서는 아라크네를 혼내 주기 위해 길쌈 대결을 벌여요.

아라크네

리디아 출신의 여자로 길쌈 솜씨가 매우 뛰어났어요. 그러나 겸손하기는커녕 자신의 실력만 믿고 아테나에게 도전해, 결국 거미가 되는 가혹한 운명에 처해요.

1
천을 짜는 아라크네

베틀 앞을 떠나지 않고 천을 짜는 아라크네를 보며

사람들은 모두 한마디씩 칭찬을 했습니다.

"아라크네가 짠 천을 좀 봐. 내가 본 천 가운데 가장 아름다워."

리디아의 한 마을에 아라크네라는 여자아이가 살았습니다. 아라크네는 어렸을 때 어머니를 여의고 가난한 *염색공 아버지와 함께 살았습니다. 다른 아이들이 인형을 가지고 놀 때 아라크네는 실과 천을 장난감처럼 가지고 놀면서 시간을 보냈습니다.

세월이 흘러 어느덧 아라크네도 아름다운 숙녀가 되었습니다. 아라크네는 밖으로 나가서 노는 것보다 온종일 베틀 앞에 앉아 천을 짜는 걸 좋아했습니다.

어느 날, 아버지는 아라크네가 천을 짜는 모습을 보고 깜짝 놀랐습니다. 아라크네가 짠 천이 지금껏 보아온 그 어떤 천보다 아름다웠기 때문입니다.

"아라크네야, 정녕 이것이 네가 짠 천이란 말이냐? 내가 여태까지 보아온 어느 천보다도 훨씬 아름답구나!"

*염색공 실이나 천 따위에 물을 들이는 일을 직업으로 가진 사람.

아라크네의 뛰어난 *길쌈 솜씨는 곧 온 마을에 소문이 났습니다. 아라크네의 집 앞에는 아라크네가 천을 짜는 모습을 보려고 날마다 많은 사람이 몰려들었습니다.

베틀 앞을 떠나지 않고 천을 짜는 아라크네를 보며 사람들은 모두 한마디씩 칭찬을 했습니다.

"아라크네가 짠 천을 좀 봐. 내가 본 천 가운데 가장 아름다워."

"저 천으로 옷을 해 입으면 정말 아름다울 거야. 나도 아라크네에게 천을 부탁해야겠어."

"아라크네가 짠 옷을 입으려면 한참이나 기다려야 해. 이미 그녀에게 천을 부탁한 사람이 하나둘이 아니더라고."

사람들은 모두 아라크네의 천 짜는 솜씨를 칭찬하며 부러워했습니다.

*길쌈 실을 내어 옷감을 짜는 모든 일.

아라크네가 천을 잘 짠다는 소문은 사람들뿐만 아니라 님프들 사이에도 퍼졌습니다.

님프들도 여럿이 구경하러 와서는 자신들의 옷감을 짜 달라고 부탁했습니다.

"아라크네, 님프들도 너에게 옷감을 부탁하러 오다니, 정말 대단한데!"

하지만 친구들이 아무리 칭찬을 해도 아라크네는 고맙다는 인사 한마디 없이 그저 열심히 천만 짰습니다.

“사람들이 뭐라고 하는 줄 알아? 네 솜씨가 아테나 여신님께 배운 것 같대. 정말 대단한 칭찬 아니니?”

이 말을 들은 아라크네가 갑자기 손을 멈추었습니다. 그러고는 친구 앞으로 다가가서 말했습니다.

“뭔가 잘못 알고 있는 것 아니야? 난 누구한테서도 가르침을 받은 적이 없어. 순전히 혼자 갈고 닦은 내 솜씨라고. 아무리 아테나 여신이 실을 뽑고 천을 짜는 일을 *주관한다 해도 나보다 더 천을 아름답게 짤 수는 없을 거야.”

*주관하다 어떤 일을 책임을 지고 맡아 관리하다.

아라크네의 말에 친구들은 깜짝 놀랐습니다.

"어머 아라크네, 그럼 네가 아테나 님보다 솜씨가 좋다는 거니? 정말로 네 솜씨가 더 뛰어난지 어떻게 알아?"

"님프들이 나에게 옷감을 부탁하러 오는 것을 봐. 님프들은 분명 아테나 여신의 옷감도 봤을 텐데 나한테 부탁하는 것을 보면 내 솜씨가 더 뛰어나다는 말 아니겠어?"

"아라크네, 아무리 그렇다 하더라도 그런 말을 하면 안 돼. 아테나 여신 님은 우리에게 길쌈 기술을 가르쳐 주셨어. 네가 신보다 낫다니, 그런 교만한 마음을 가지면 큰 벌을 받을 거야."

"흥! 실력을 판단하는데 신과 인간이 다 무슨 소용이야. 난 아테나 님과 한번 겨뤄 보고 싶어. 만약 내가 진다면 어떤 벌이라도 달게 받겠어. 하지만 내가 분명 이길 테니까 벌 받는 일은 절대 없을 거야!"

친구들은 아테나에게 겁도 없이 도전을 하는 아라크네를 보면서 두려운 생각이 들었습니다.

2
아테나의 분노

'내가 길쌈 기술을 가르쳐 주지 않았다면
아직까지도 동물의 가죽이나 두르고 다녔을 주제에
감히 나를 얕잡아 봤단 말이지?
그래, 어디 내 앞에서도 그렇게 교만할 수 있는지 두고 보자.'

아라크네가 아테나와 겨루어 보고 싶다고 한 말은 금세 입에서 입으로 전해졌습니다. 결국 아테나의 귀에까지 들어가게 되었지요.

"감히 나에게 도전을 하다니……. 이런 괘씸한!"

"아테나, 왜 그렇게 노여워하고 있느냐?"

제우스가 물었습니다.

"제게 도전하는 자가 있다 하여 어찌해야 할지 고민하고 있습니다."

“뭐라고! 감히 인간인 주제에 도전을 해? 그동안 신에게 도전한 자들이 어떤 벌을 받았는지 모르는가 보구나. 내가 당장 가서 혼을 내 주겠다.”

“아닙니다. 저에게 맡겨 주세요.”

아테나는 주먹을 꼭 쥐면서 말했습니다. 어떻게 하면 아라크네가 자신의 잘못을 깨우칠지 아테나는 고심했습니다.

아테나는 천을 짜서 옷을 입는 방법을 일러 준 자신의 은혜도 모르고 한낱 보잘것없는 인간이 자기가 더 잘났다고 떠드는 꼴을 마냥 보고만 있을 수는 없었습니다.

'도대체 인간이란 어찌 이리 오만 *방자하단 말이냐. 내 저들을 불쌍히 여겨

생활에 필요한 온갖 기술을 전해 주었는데, 결국 이런 식으로 나를 배신하는 것이냐?'

아테나는 화가 머리끝까지 났습니다.

'내가 길쌈 기술을 가르쳐 주지 않았다면 아직까지도 동물의 가죽이나 두르고 다녔을 주제에 감히 나를 얕잡아 봤단 말이지? 그래, 어디 내 앞에서도 그렇게 *교만할 수 있는지 두고 보자.'

아테나는 그길로 곧장 아라크네가 살고 있는 리디아로 갔습니다.

*방자하다 어려워하거나 조심스러워하는 태도가 없이 무례하고 건방지다.
*교만하다 잘난 체하며 뽐내고 건방지다.

아테나는 초라한 노파의 모습으로 변장을 하고, 마을로 들어섰습니다. 그러고는 아라크네의 집을 찾아 이리저리 돌아다녔습니다.

주름진 얼굴과 부스스한 머리카락, 연약한 몸과 굽은 등까지 아테나의 모습은 영락없는 불쌍한 노인이었습니다. 거기에 지팡이까지 짚고 느릿느릿 걸으니 어느 누구도 이 노인이 아름답고 용맹스러운 아테나일 거라고 상상하지 못했습니다.

아테나가 이렇게 자신의 본 모습을 숨기고 아라크네를 찾아간 것은 그녀에게 인간은 신과는 같아질 수 없다는 것을 일깨워 주기 위해서였습니다.
또한 너그러운 성품의 아테나가 마지막으로 아라크네에게 자신의 죄를 뉘우칠 기회를 주려고 했던 것이었습니다.

“여보게 젊은이, 혹시 아라크네라는 아가씨가 천을 짜는 곳이 어디인 줄 아시오? 이 늙은이가 그 아가씨를 좀 만나려고 하는데 길을 잘 모르겠어.”

“아, 할머니. 이 근방에서 아라크네를 모르는 사람은 아무도 없어요. 저를 따라오세요.”

“친절한 젊은이구먼. 고마워요.”

모두 노파로 변장한 아테나를 알아보지 못했습니다.

‘아라크네, 이제 곧 내가 너의 오만함을 깨우쳐 주겠다. 잠시만 기다려라.’

3
신과 인간의 대결

"정말로 네가 나를 이길 수 있다고 생각하느냐?"

"물론이죠. 나는 내 실력을 믿어요.
만약 내가 진다면 어떤 벌이라도 받겠어요."

아라크네의 집 앞은 여느 때와 마찬가지로 아라크네의 길쌈 솜씨를 보러 온 사람들로 붐볐습니다. 사람들은 지금 자기 옆에 누가 서 있는지는 꿈에도 모른 채 아라크네와 그녀의 손끝에서 만들어지는 천에만 눈길을 주었습니다.

아테나가 보기에도 아라크네가 만든 천은 나무랄 데 없이 아름다웠습니다. 하지만 자신감이 지나쳐 교만에 빠진 아라크네의 얼굴은 하나도 아름다워 보이지 않았습니다.

얼마 지나지 않아 아라크네는 짜고 있던 천을 완성했습니다. 그리고 사람들에게 당당하게 말했습니다.

“이것 보세요. 제아무리 아테나 여신의 솜씨가 좋다고 한들 정말로 나만큼 천을 잘 짤 수 있을까요? 저는 아테나 여신에게 이리 와서 나와 한번 겨루어 보자고 당당하게 말할 수 있어요.”

아라크네의 말에 아테나는 화가 치밀어 올랐습니다. 하지만 곧 마음을 가라앉히고 아라크네에게 천천히 다가갔습니다.

"젊은 아가씨가 천을 짜는 솜씨가 정말로 훌륭하군요. 그렇지만 아가씨, 이 늙은이가 충고를 한마디 해야겠어요. 나를 보잘것없는 늙은이라 생각할 수도 있겠지만 오랫동안 살면서 세상 온갖 것들을 다 겪은 몸이랍니다. 그러니 내 말을 잘 들어요. 벼는 익을수록 고개를 숙인다는 말이 있어요. 훌륭한 재주를 가진 사람일수록 겸손해야 한다는 뜻이지요. 자신을 낮추는 일이야말로 진정으로 자신을 빛나게 하는 법이랍니다."

이 말을 들은 아라크네는 노인 앞으로 다가갔습니다.

"할머니, 충고는 고맙지만 그런 이야기라면 할머니 손녀한테나 하세요. 내가 짜고 있는 천을 잘 보세요. 제아무리 아테나 여신이라도 이렇게 아름다운 천을 만들어 낼 수 없을 테니 말이에요."

아테나는 늙은이에게조차 눈을 치켜뜨고 건방지게 대꾸하는 아라크네에게 화가 났지만, 한 번 더 기회를 주자는 생각으로 화를 꾹꾹 참으며 말을 이었습니다.

"아무리 재주가 뛰어나다고 한들, 겸손함을 갖추지 못하면 화를 부를 뿐이에요. 더욱이 신은 인간이 겨룰 수 있는 존재가 아니지요. 신과 겨룬 인간이 어떻게 되었는지는 아가씨도 잘 알지 않나요? 내가 하는 말은 다 아가씨를 위해서

하는 말이에요. 지금이라도 아테나 여신에게 진심으로 용서를 구하세요."

신에게 도전한 거인 형제, 오토스와 에피알테스

포세이돈과 이피메데이아 사이에서 태어난 쌍둥이 형제 오토스와 에피알테스는 힘이 엄청나게 센 거인이었어요. 형제는 자신들의 힘만 믿고는 둘이서 세상을 지배하기로 마음먹지요. 올림포스 산을 점령하고 신들을 몰아낸 다음, 각각 아르테미스와 헤라를 아내로 삼겠다고 스틱스 강에 맹세를 해요. 그들은 엄청난 힘을 써서 신들을 하나하나 물리칩니다. 하지만 결국 아폴론과 아르테미스에 의해 서로를 죽이는 운명을 맞게 돼요. 이 이야기 또한 신은 인간이 감히 겨룰 수 없는 대상이라는 것을 알려 주고 있어요.

하지만 아라크네는 도무지 노파의 말을 귀담아듣지 않았습니다. 오히려 거만한 표정으로 턱을 치켜들고 노파에게 큰소리를 쳤습니다.

"할머니, 도대체 내가 무엇 때문에 용서를 구해야 한다는 말이죠? 내가 틀린 말을 하는 것도 아니잖아요. 인간이라는 이유만으로 내 실력이 낮게 평가되는 것이 더 잘못된 일이지요. 정말 아테나 여신이 이 자리에 있다면 진정한 실력자가 누구인지 가려보고 싶어요. 내가 그토록 말하고 다녔는데도 지금껏 나타나지 않은 것을 보면 혹시 아테나 여신도 나와 실력을 겨루는 것을 두려워하는 건 아닐까요? 신이 인간보다 재주가 못하다면 웃음거리가 되고 말 테니까요."

아라크네는 거침없이 아테나를 모욕하는 말을 늘어놓았습니다.

자신을 이렇게까지 모욕하는 말을 듣고 아테나는 더 이상 참을 수가 없었습니다.

'두 번이나 기회를 줬건만 반성의 기미가 눈곱만큼도 보이지 않는군.'

아테나는 허름한 옷과 지팡이를 집어던지며 소리쳤습니다.

"흥, 그래! 네가 그렇게 나와 겨루는 게 소원이란 말이지? 나, 아테나가 바로 여기 있다."

아테나는 화려한 빛을 내며 *위엄 있는 신의 모습을 사람들 앞에 드러냈습니다. 곁에서 구경하고 있던 사람들은 깜짝 놀라 모두 아테나 앞에 몸을 숙였습니다. 잘못한 것이 없는 사람들조차 아테나를 보고는 벌벌 떨었습니다.

하지만 정작 아라크네는 그다지 놀란 *기색이 아니었습니다. 물론 갑작스럽게 아테나가 나타나는 바람에 당황하긴 했지만 여

*위엄 존경할 만한 위세가 있어 점잖고 엄숙함. 또는 그런 태도나 기세.
*기색 마음의 작용으로 얼굴에 드러나는 빛.

전히 고개를 빳빳이 들고 아테나를 쳐다보았습니다.

"내가 왔는데도 고개조차 숙이지 않는 너는 정말로 겁이 없고 건방지구나. 아라크네, 지금이라도 늦지 않았으니 어서 나에게 용서를 빌어라."

"싫어요."

아라크네는 비록 떨리는 목소리였지만, 분명하게 거절의 뜻을 밝혔습니다.

아테나는 매서운 눈길로 아라크네를 노려보며 말했습니다.

"이런 오만한 인간을 보았나! 정말로 네가 나를 이길 수 있다고 생각하느냐?"

"물론이죠. 나는 내 실력을 믿어요. 만약 내가 진다면 그때 어떤 벌이라도 받겠어요."

"좋아, 네가 원하는 대로 해 주지. 그렇지만 그 뒤에 일어날 일에 대해서는 더 이상 아무 말도 해서는 안 된다. 언제까지 네가 그런 거만한 얼굴을 할 수 있을지 한번 겨루어 보자."

아라크네의 대결 소식이 온 마을에 퍼졌습니다.

4
거미가 된 아라크네

아테나는 아라크네의 몸에 약초 즙을 뿌렸습니다.
그러자 아라크네의 머리와 몸이 작아지더니
열 개의 아름다운 손가락이 여덟 개의 시커먼 다리로 변했습니다.

어느새 아라크네의 집 앞에는 마을 사람들과 님프들이 발 디딜 틈 없이 몰려들었습니다.

긴장감이 감도는 가운데, 아테나와 아라크네 앞에 나란히 베틀이 놓였습니다. 드디어 아테나와 아라크네의 시합이 시작되려는 순간이었습니다.

아테나는 아라크네를 흘깃 보고는 베틀로 눈을 돌려 천을 짜기 시작했습니다. 아라크네도 베틀에 앉아 정신을 가다듬고 *북을 들어 올렸습니다.

그렇게 신과 인간의 시합이 시작되었습니다. 구경을 하는 사람들과 님프들은 침을 꿀꺽 삼키며 그녀들의 손놀림에 집중했습니다.

*북 베를 짤 때 쓰는 배처럼 생긴 중요한 기구.

아테나와 아라크네의 시합

〈아테나와 아라크네〉 틴토레토

베틀을 마주하고 앉아 시합을 벌이는 아테나와 아라크네의 모습이에요. 투구를 쓴 전쟁의 신 아테나는 천을 짜는 아라크네를 여유로운 표정으로 바라보고 있어요. 뒤에는 님프들이 이 시합을 흥미진진하게 지켜보고 있어요. 아라크네의 베틀에 붙어 있는 거미는 아라크네에게 닥칠 운명을 예고하고 있어요. 긴박감이 감돌기보다는 평화로운 느낌이 드는 그림이에요.

아테나와 아라크네의 손놀림은 눈에 보이지 않을 만큼 매우 빨랐습니다.

"내 눈을 믿을 수가 없어. 정말 저것이 옷감을 짜는 속도란 말인가. 마치 번개가 치는 것 같아."

"맞아. 그러면서도 얼마나 아름답게 짜는지 보라고. 붓으로 그림을 그리고 있는 것 같아."

"황홀할 정도로 아름다운 솜씨야."

구경하는 사람들은 아테나와 아라크네의 솜씨에 입을 다물지 못했습니다. 실을 바꾸는 순간이 언제인지 모를 만큼 빠르고 능숙한 손놀림이었습니다.

“자연의 색을 모두 가져온다 해도 저 옷감보다 아름답지 않을 거야.”

아테나와 아라크네의 *현란한 솜씨에 사람들과 님프들은 모두 넋을 잃었습니다.

*현란하다 눈이 부시도록 찬란하다.

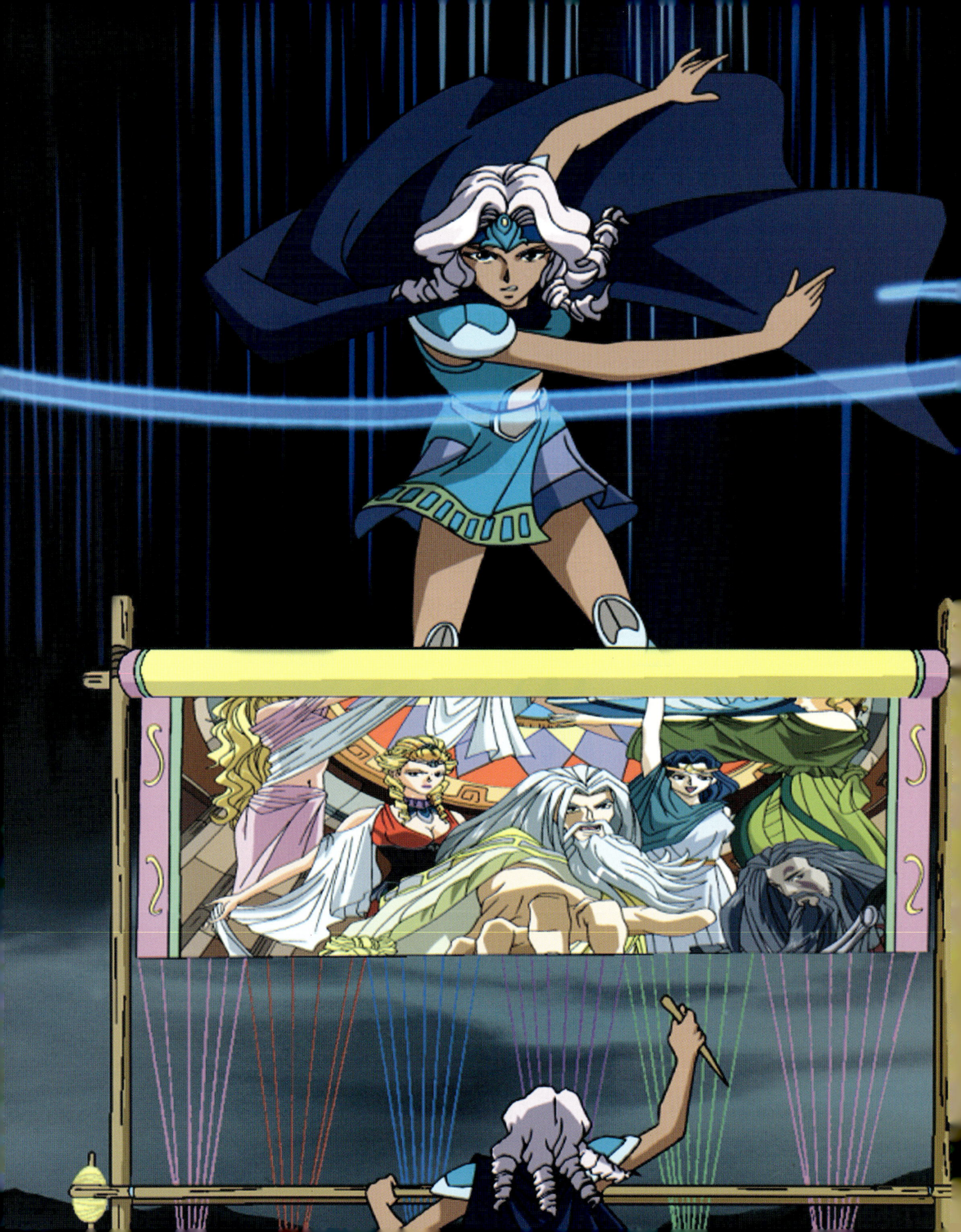

드디어 천을 다 짜고, 아테나와 아라크네가 각자 자신이 짠 천을 동시에 펼쳐 보였습니다.

아테나의 천에는 올림포스의 신들이 위엄을 드러내며 나타나 있었습니다. 가운데에는 신들의 왕인 제우스가 번개를 던지듯 앞을 바라보았습니다. 천에 새겨진 그림일 뿐이지만 강렬하고 무시무시한 제우스의 눈빛을 본 사람들은 벌벌 떨며 똑바로 쳐다보지 못했습니다.

그 아래에는 바다의 왕 포세이돈의 모습이 수놓여 있었습니다. 성난 파도 위에 버티고 선 포세이돈은 당장이라도 오만한 인간들을 파도 아래로 가라앉힐 것만 같았습니다.

또 다른 한쪽에는 창과 방패를 들고 있는 아테나 자신의 모습이 있었습니다. 피를 흘리는 잔인한 전쟁이 아닌 정의로운 전쟁을 돕는 아테나였지만, 창과 방패를 든 모습은 어떤 적이든 물리칠 것 같은 강인함으로 빛났습니다.

아테나가 신들의 모습을 천에 담은 까닭은 신은 감히 인간이 도전할 수 없는 존재라는 것을 알려 주려는 것이었습니다.

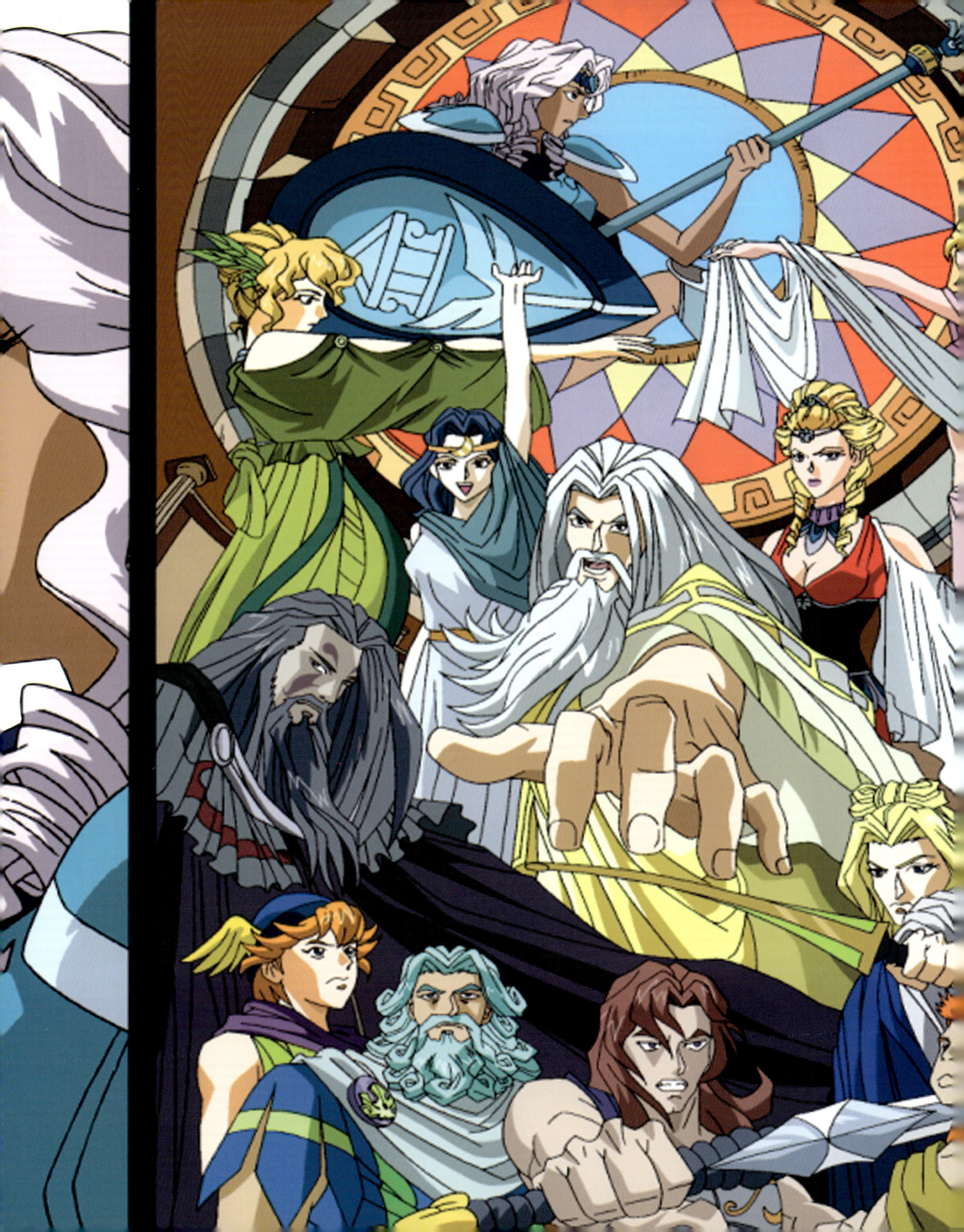

이번엔 아라크네가 자신의 천을 내보였습니다. *형형색색의 실로 아름답게 짜인 천에는 올림포스의 신들의 모습이 멋있게 담겨 있었습니다.

올림포스 신들의 매력을 충분히 느낄 수 있는 아주 멋진 작품이었습니다.

"이 이상으로 올림포스 신들을 표현할 수는 없을 거야."

"아폴론 님의 화살이 날아올 듯해."

사람들은 올림포스 신들의 위대한 모습을 고스란히 표현한 아라크네가 짠 천을 보고 모두 감탄했습니다.

"역시 아라크네의 솜씨는 최고야. 아테나 여신님에게도 뒤지지 않는 것 같은데!"

"도대체 누가 더 나은지 알 수가 없어!"

사람들은 아테나와 아라크네가 짠 천을 보고 감탄하며 누구의 손을 들어 줘야 할지 *난감했습니다.

아라크네는 자신이 짠 천을 펼쳐 놓고, 자신감에 찬 표정으로 아테나를 바라보았습니다.

그런데 사실 아라크네가 짠 천 뒤편에는 님프들에게 둘러싸여 술을 마시는 제우스의 그림이 수놓아져 있었습니다.

*형형색색 형상과 빛깔 따위가 서로 다른 여러 가지.
*난감하다 이러기도 저러기도 어려워 처지가 매우 딱하다.

제우스 뿐만이 아니었습니다. 아라크네가 짠 천에는 올림포스 신들이 못된 짓을 하는 모습이 잔뜩 수놓아져 있었습니다. 아라크네는 신들의 한심함을 천에 수놓으며 마음껏 비웃고 있었던 것입니다. 또한 사람들에게 신들은 결코 근엄하고 존경스러운 존재가 아니며, 자신의 욕심을 채우고자 인간에게도 온갖 나쁜 짓을 서슴지 않는 이기적인 존재라는 것을 알리고 싶었습니다.

아라크네

원전에서는 아라크네가 짠 천에 새하얀 백조가 우아하게 날개를 펴고 있고, 독수리가 날카로운 발톱을 드러내고 있어요. 또 콧김을 씩씩거리는 황소가 천 밖으로 뛰어나올 것처럼 수놓아져 있지요. 이 동물들은 단순히 보기 좋으라고 짜 넣은 것이 아니라, 제우스가 나약한 인간을 속이고 자신의 욕심을 채우려고 변신한 동물들이었어요. 아라크네는 자신의 천에 신들의 이기심을 표현하고 싶었던 거예요.

바람둥이 신 제우스

〈레다와 백조〉 레오나르도 다빈치

제우스는 신들 가운데 최고의 신이지만 유난히 여자를 좋아했어요. 그래서 여신뿐 아니라 님프와 인간들도 숱하게 유혹했지요. 하지만 공식적인 부인 헤라가 있었기 때문에 드러내 놓고 여자들을 만날 수는 없었어요. 제우스는 자신의 몸을 백조나 황소, 또 어떤 때는 황금 비 등으로 바꾸어 여자들에게 다가갔어요. 이 그림에 등장하는 레다는 스파르타이 왕 틴다레오스의 아내로 에우로타스 강에서 목욕을 하다가 제우스의 눈에 띄어 그와 사랑을 나누게 되어요. 그림 속의 백조가 바로 제우스랍니다.

아테나는 천 뒤편에 신들의 왕인 제우스를 *조롱하고 신 전체를 비웃는 그림을 수놓은 것을 알아차리고는 불 같이 화를 냈습니다.

"네가 감히 제우스 신을 빗대어 신들을 조롱해? 이런 *괘씸한 인간 같으니!"

아테나는 아라크네의 천을 찢어 버렸습니다. 그 순간 천둥 번개가 심하게 쳤고, 놀란 사람들은 앞다투어 도망을 갔습니다.

"나는 너에게 반성할 기회를 주었다. 그렇지만 너의 교만이 마지막 기회마저 앗아가 버렸구나. 더는 용서할 수 없다. 이제 네가 저지른 잘못이 무엇인지 알게 해 주마."

***조롱하다** 비웃거나 깔보면서 놀리다.

***괘씸하다** 남에게 예절이나 신의에 어긋난 짓을 당하여 분하고 밉살스럽다.

아라크네에게 벌을 주는 아테나

〈아테나의 분노〉 페테르 파울 루벤스

이 그림은 아테나가 베를 짜는 북으로 아라크네를 내려치려는 순간을 그린 것이에요. 아테나는 냉정한 표정으로 아라크네를 바라보고 있고 주위 사람들은 모두 공포에 질린 얼굴을 하고 있어요. 아라크네 역시 잔뜩 겁을 먹은 듯 커다랗게 눈을 뜨고 아테나를 올려다보고 있어요. 아라크네의 얼굴에는 벌을 받는 순간의 긴장감과 공포가 잘 표현되어 있어요.

아테나는 신비한 기운이 서린 손을 아라크네의 이마에 갖다 댔습니다. 그러자 아라크네의 눈앞에 그동안 잘난 체하며 주위 사람들에게 건방지게 굴었던 자신의 모습이 펼쳐졌습니다.

'아니 내가 정말 저렇게 인심이 사나운 추한 모습으로 천을 짰단 말인가? 어째서 나는 좀 더 겸손하게 행동하지 못했을까!'

아라크네는 주저앉아서 눈물을 흘렸습니다.

자신의 솜씨만 믿고 *경솔하게 굴었던 과거의 모습은 아라크네를 견딜 수 없을 만큼 괴롭게 했습니다. 결국 아라크네는 자신의 잘못을 깨닫고 괴로워하다가 죽고 말았습니다.

*경솔하다 말이나 행동이 조심성 없이 가볍다.

아테나는 그런 아라크네가 조금 가엾게 느껴졌습니다. 잠시 후 아테나는 바닥에 쓰러져 있는 아라크네에게 다가가 말했습니다.

"어리석은 인간이여, 더 이상 *자만하지 말고 네가 그토록 좋아하는 일만 하여라."

아테나는 아라크네의 몸에 약초 즙을 뿌렸습니다. 그러자 아라크네의 머리와 몸이 작아지더니 열 개의 아름다운 손가락이 여덟 개의 시커먼 다리로 변했습니다. 아라크네는 거미로 다시 태어났습니다.

*자만하다 자신이나 자신과 관련 있는 것을 스스로 자랑하며 뽐내다.

거미가 된 아라크네는 가느다란 여덟 개의 다리를 움직여 어두운 나뭇가지 뒤로 몸을 숨겼습니다. 그러더니 곧 온몸으로 가늘고 아름다운 실을 만들어 거미줄을 치기 시작했습니다. 다시는 자신의 실력을 뽐낼 수 없고 사람들의 칭찬을 받을 수도 없는 곳에서 아라크네는 조용히 실만 뽑아냈습니다.

영원토록 실을 잣는 아라크네

그리스에서 '아라크네' 라는 말은 '거미' 라는 뜻으로 쓰여요. 아라크네는 아테나의 분노를 사 거미가 되고 말지요. 아테나는 아라크네뿐 아니라 아라크네의 자손들도 거미가 되어 영원토록 실을 잣도록 했어요. 그리고 그렇게 함으로써 신에게 대항한 죄를 평생 뉘우치게 했지요. 가느다랗고 긴 다리, 털이 숭숭 난 몸통을 가진 거미는 보기에 썩 좋지는 않지만 거미가 실을 뽑아 만든 거미줄을 자세히 들여다보면 무척 정교하고 아름다워요. 마치 아라크네가 짠 훌륭한 천처럼 말이지요.

신화 OLYMPUS GUARDIAN 뒷이야기

아라크네의 이야기를 읽다 보면 신들은 자신에게 도전하는 인간들을 아주 싫어한다는 것을 알 수 있습니다. 신들은 자신이 가진 고유한 영역을 감히 인간들이 넘볼 수 없도록 했습니다. 만약 인간들이 신의 영역을 침범하려 하면 가혹한 벌도 서슴지 않고 내렸습니다.

신들은 인간과 비슷한 외모를 가지고 똑같이 사랑하고 질투하고 싸우며 살아갑니다. 따라서 신의 세계와 인간의 세계가 크게 다르지 않습니다. 그러면서도 왜 신들은 자신들이 특별한 존재라 믿고 그 위엄을 지키려고 했을까요?

그리스 로마 신화가 만들어지고 널리 퍼졌던 시대에는 엄격한 '사회 계급' 이 있었습니다. 부와 권력을 지닌 지배 계급은 그렇지 않은 피지배 계급이 자신의 권위를 넘보는 것을 경계했습니다. 지배 계급은 자신들을 일종의 '신' 이라 생각하며 우월감을 만끽했습니다. 자신들이 부와 권력을 쥔 것은 신의 은총이며 그렇기 때문에 자신들은 특별하다고 생각했지요. 만약 피지배 계급이 이것에 반대하고 도전하려 들면 엄격한 처벌을 내렸습니다.

아라크네가 아테나에게 도전한 것도 신과 지배 계급의 입장에서 보면 해서는 안 될 행동이었습니다. 하지만 조금만 달리 생각하면 여신과 대결을 펼친 아라크네의 행동은 계급을 뛰어넘은 용기와 도전 정신으로도 볼 수 있습니다. 아라크네는 아테나와의 시합에서도 결코 지지 않았습니다. 아테나가 아라크네의 천을 찢은 행동은 겉으로는 신의 위엄에 도전한 아라크네에 대한 분노 때문이지만, 속으로는 자신에게 뒤지지 않는 아라크네의 실력에 질투를 느꼈기 때문이기도 할 것입니다.

비록 겸손하지 못하고 자만했지만 자신의 재능에 자신감을 가지고 더 큰 세상으로 나아가려 한 아라크네의 도전 정신은 높이 평가받아야 할 것입니다.

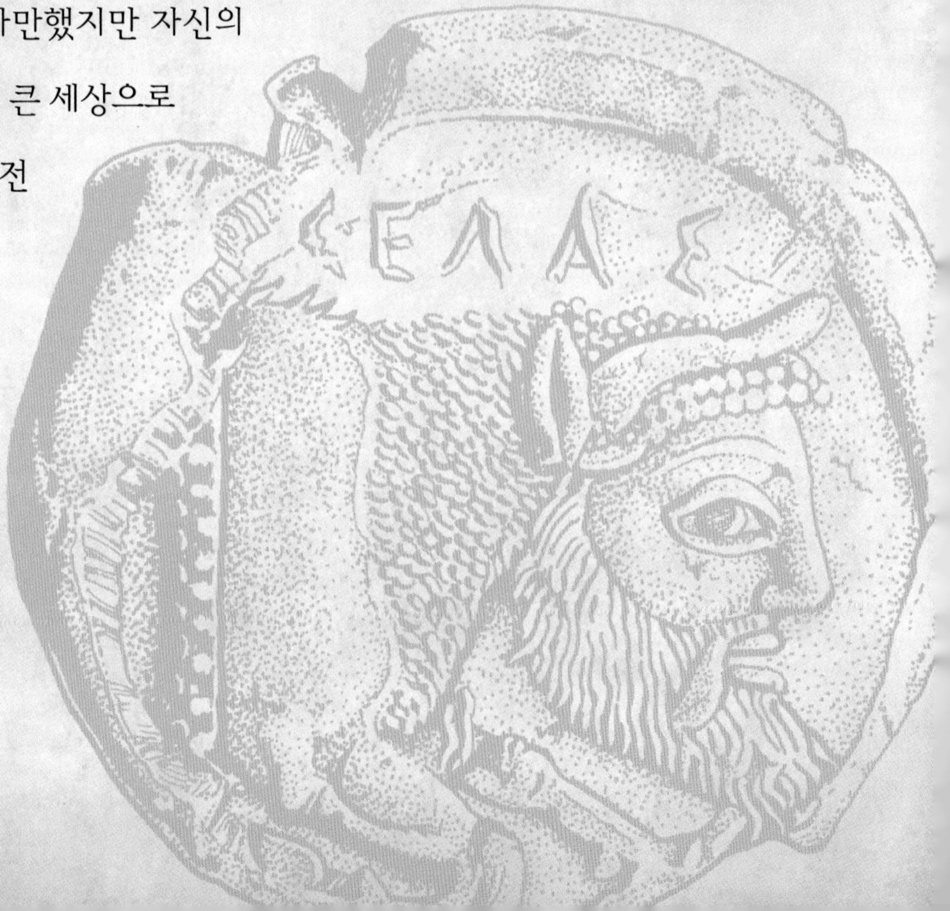

올림포스 신들의 계보

크로노스 + 레아
하데스
지하 세계의 왕
포세이돈
바다의 신
제우스
신들의 왕
헤라
신들의 여왕,
제우스의 아내
헤스티아
난로·불의 여신
데메테르
대지의 여신
아테나
지혜 · 전쟁의 여신
제우스 + 메티스
아폴론
의술 · 음악의 신
제우스 + 레토
아르테미스
사냥 · 순결의 여신
아스클레피오스
의술의 신
아레스
전쟁의 신
제우스 + 헤라
헤파이스토스
대장간의 신
제우스 + 디오네
아프로디테
헤파이스토스의 아내,
미의 여신
에로스
사랑의 신
헤르메스
신들의 전령,
상업의 신
제우스 + 마이아
디오니소스
술의 신
제우스 + 세멜레
페르세포네
하데스의 아내
지하 세계의 여왕
제우스 + 데메테르

⚜ 그리스 로마 신화 주요 인물의 이름 ⚜

그리스 어	로마 어	영어
가이아	텔루스	
니케	빅토리아	나이키, 빅토리
데메테르	케레스	세레스
디오니소스	바쿠스	바커스
레아	키벨레	시벨레
아레스	마르스	마스
아르테미스	디아나	다이애나
아테나	아테네, 미네르바	
아폴론	아폴로	아폴로
아프로디테	베누스	비너스
에로스	쿠피드, 아모르	큐피드
오디세우스	울릭세스	율리시스
우라노스	카일루스	유러너스
제우스	유피테르	주피터
크로노스	사투르누스	새턴
페르세포네	프로세르피나	
포세이돈	넵투누스	넵튠
하데스	플루톤	플루토
헤라	유노	주노
헤라클레스	헤르쿨레스	허큘리스
헤르메스	메르쿠리우스	머큐리
헤스티아	베스타	
헤파이스토스	불카누스	벌컨

그리스 로마 신화 올림포스 가디언 9

아테나에게 도전하는 아라크네

펴낸이 양원석
펴낸곳 (주)알에이치코리아
등록 2004년 1월 15일 제2-3726호
주소 서울특별시 금천구 가산디지털2로 53, 20층 (한라시그마밸리)
문의전화 02)6443-8800

ISBN 978-89-255-4439-7(74800)
ISBN 978-89-255-4354-3(세트)

값 12,800원

원작 만화로 보는 그리스 로마 신화(가나출판사)
이광진 엮음, 홍은영 그림
명화 구입처 유로크레온(주)